幸せの確率

―愛するあなたへ

作 あなた と 富じ

絵 NAOKO

中日出版

あなたの幸せを
あなたの素敵な人生を
心から願って
この本を贈ります

あなたへの贈り物
それは　四次元パズルの大切なワン・ピース
その他のピースは　あなたの身の回りにたくさんあります
プラモデルやジグソーパズルのような完成形はなく
設計図も付いていません
……そこが　面白い！

さあ　楽しんで！
世界に一つ！　あなただけの〇〇のカタチ

そもそも「幸せ」って何？
あなたにとっての幸せとは？
かたちが有るような　無いような
答え？　は　宗教　哲学　心理学
スピリチュアルなどなど
多くの書籍やネット上でも
数え切れないほど語られています

残念ながら本書にその答えはありません
幸せは　どんなに強く願っていたとしても
時として残酷なほど一瞬にして崩れ去ることも
それは病気や災害　事故や事件　など
それでも「心がけ」や「行動の選択」しだいで
「幸せの確率」を引き上げることが出来るのでは
ないでしょうか
今を生きる私たちの「命」それは幾多の天変地異
疫病　時代の荒波も生き抜いてきた　逞しい逞しい
「命」なのです

あなたは　天の川がはっきり見えるほどの
満天の星空を見たことはありますか
私たちの暮らす　この地球も　その天の川銀河の
片隅にある惑星の一つ　諸説ありますが　銀河の中には
太陽のような恒星だけでも一千億個　惑星もふくめると
なんと　その十倍もの星が存在すると言われています
大気の影響を受けない宇宙空間に高性能望遠鏡や
惑星探査機を打ち上げたりして　少しずつ明らかに
なってきたことですが　宇宙空間には　そんな銀河が
2兆個とも……

摩訶不思議

地球誕生推定４６億年　三分の二は海　大気をまとい
太陽との絶妙な距離をたもちながら一日1周自転を
一年かけて太陽の周りをぐるり1周しています
太古の地球の凄まじい大変貌期を経て　最初に生命が
誕生したのは約３８億年前……様々な進化と淘汰を
繰り返し　人類が誕生したのは約４００万年前
地球上の生命の歴史のほんの一瞬にすぎません
地球４６億年の歴史を一年３６５日にたとえると
人類の歴史は大晦日最後の一日にも満たない
一人の一生ともなれば年末最後の1秒にも満たない

地球はまことに多様な生命を育む奇跡の惑星です
科学が進歩した現在においても　実際に生命を
確認できる惑星はありません　つまり地球上の命は
命そのものが奇跡だと言うことなのです
人間は進化の過程で脳を発達させてきましたが
そのおかげで悩んだり　苦しんだり　争ったり……
時には　自分で自分を傷つけたりと　他の生命とは
明らかに異なる個性を持つことに……
もしかすると　いつか必ずやって来る惑星最後の日
脳の発達や科学の進歩も　その日のための備えかも

昔の人は地球が丸いなんて信じられませんでした
宇宙は地球を中心に回っていると信じ　進化論など
到底受け入れられるものではなかったのです
「思い込み」は可能性を否定し　世界を狭きものに
してしまいます
宇宙の法則「自然の摂理」と言うのは　関心の有無
知識の有無とも関係なく私たちを含む全ては　その内に
あり　到底人間の尺度で測りうるものではありません
自然とは「自らも然り」と表し　私たちの肉体もまた
大自然の摂理であり奇跡の産物と言えます

歩いていても走っていても　勉強してても食べてる時も
お風呂に入っていても　寝ている時でさえ
生まれてこの方一時《かたいっとき》も休むことなく働きつづけている
私たちの心臓　呼吸も同じこと　肺から取り入れた酸素を
体のすみずみにまで送り届ける血管　その長さは成人で
約１０万㎞　驚きの地球2周半！　肝臓も腎臓も胃や腸も
生命を維持するための機能の大半は私たちの意思では
ないのです　この星　この時代　ここに生まれてきたことも
さあっ　思い込みの世界から飛び出し自由な心で

私たちは９９％それ以上「おかげさま」でできている
食べてるもの　着てるもの　住んでる家　足元の道も……
電気やガスや水道も　その全てが知恵と汗と自然の恵み
想像力を働かせ見てみれば世界は全てつながっている
想像力を働かせ見てみれば世界は輝いて見えてくる
そりゃあ世界にはまだまだ問題も多いけれど……
それらと同じくらい　いやそれ以上にステキも溢れてる
いつもどこかで誰かが世界を「より良く」するため
懸命に働いてくれています……「ありがたやありがたや」
私たちも　少しでも力になれるといいよね

共存共栄　利他共生　自他共栄　自利利他　三方《さんぽう》よし
籠に乗る人　かつぐ人　そのまたわらじを作る人
昔から色々な表現で伝えられて来たけれど　結局のところ
お陰様　お互い様　と言うこと　そして他者の喜びや幸せが
自分の喜びや幸せでもあると言うことなのでしょう

あのアンパンマンの作者　やなせたかしさんは
こんな風に言っています

「人生は　よろこばせごっこ」

さて　ここからはこの本の主役　あなたのページです
地球上には80億に迫る人口の人々が暮らしていますが
地球上にあなたは一人だけ　代役はいません
他の誰かが勉強してもあなたの知識にはなりません
他の誰かが鍛えても決してあなたの体力にはなりません
生活習慣病の名付け親　日野原重明《ひのはらしげあき》さんは百歳過ぎまで
現役の医師として活躍された先生です　生活習慣病とは
テレビの前でスナック菓子を食べながら怠惰《たいだ》な生活をして
いれば　太るのは当然　病気になるのも当然　自業自得《じごうじとく》と
言うこと　反対に良い習慣を身につければ幸せの確率も
必然的に高くなると言うことです　選択はあなたしだい

私はあなたの幸せを心から願っています
私はあなたを心から愛しています
私はあなたを信じています

過去の自分が　今の自分を作り上げてきたように
今の自分が　未来の自分を作り上げていきます
選択は自由です
「幸せの確率」を高めるには?
ページをめくりながら
自分自身と語り合ってみてください

幸せの確率が高いのは

笑顔が素敵な人　不機嫌な人

笑う門には福来る

NAOKO

幸せの確率が高いのは

花が好きな人　無関心な人

足元の花にも気づかない
季節のうつろいも感じないとしたら

幸せの確率が高いのは

優しい人　そうでない人

困ってる人をみかけたら
自然に差し伸べる　手

幸せの確率が高いのは

音楽好きな人　興味のない人

スタイルも違う　音色も違う　パートも違う
響きあって……

幸せの確率が高いのは

心地よい挨拶のできる人　できない人

おはようございます　こんにちは

言った人も　言われた人も

ありがとうございます　「有り難い」

最高の幸せことばかも

ここまで読んだだけで　気づいたのでは
あなたは知っている「幸せの確率」
そう　自分の中にある様々な自分を選択して
自分を作り上げていくのです
だから「自らを分ける」と書いて「自分」

今も　これからも
あなたは　あなたが選んだ
「自分」です

もっと自分らしく生きたい

自分らしくしか生きられない

すべては自分の選択
すべては自分の決めた道

残念だけど　こんな人もいます

不平　不満　愚痴の多い人

何かいいことある？

決意した時にだけ見えてくる道がある

「できる」と考える人
「できない」と考える人

「できない」と思ったら「できない」決定

YUME
KIBOU

健やかなる時も　病める時も……
富める時も　貧しき時も……

誓い　決意

誓った　はずなのに

子育て１人18年…　両親は老いてゆく
子どもが巣立つ頃には自らも…
誰にでもおとずれる人生の宿題の数々
どうやって楽しく乗り越えていこうか

めぐり合い $\frac{2}{8000000000}$ 家族の出発点

便利　便利　便利　便利　便利……　ホント？
得るものあれば　失うものもある「得失功罪《とくしつこうざい》」

それは何のため　誰のため

追い求めているモノは……

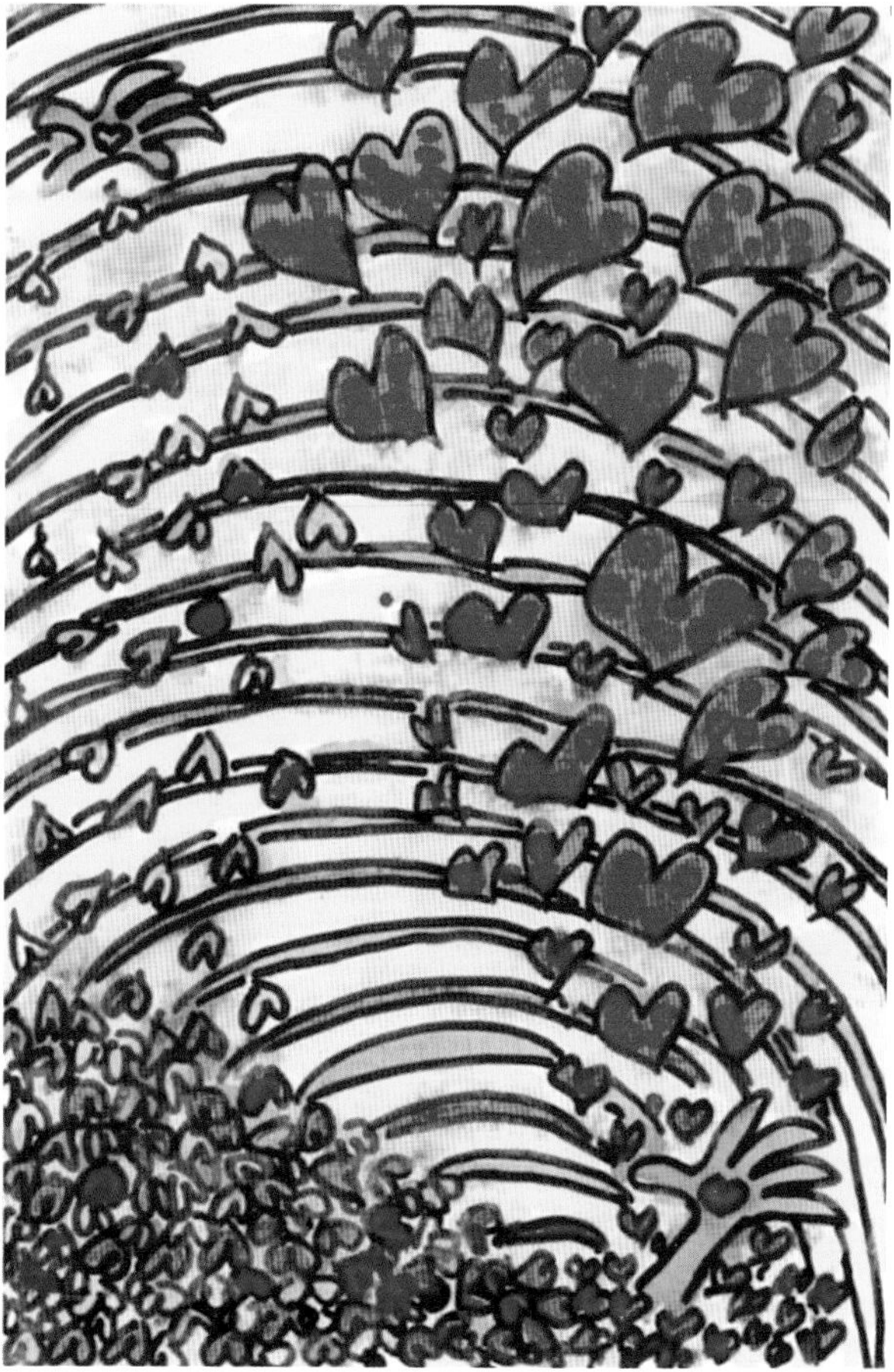

情報社会　簡単に信じて大丈夫?

ほんまかいな　なんでやねん

何を信じたら良いの…
まずは自分かな

豊かなのに　貧しいことがある
貧しくたって豊かなこともある

お金持ちなら　幸せ？

貧しいのはお金だけの問題？

ウルグアイのホセ・ムヒカ元大統領
高給も受け取らず　高級車にも乗らず
大統領宮廷にも住まず「世界一貧しい
大統領」と言われましたが本人は……

「貧しいのではありません
質素なだけです」

10000
10000
10000
10
500
10000
10000
500
10000
10000
10000
100
10000
10000
10000

多彩な人の見方や考え方　発想や知識

本を読む人　読まない人

色んな角度から見てみると

環境　風土　歴史　文化　民族　信仰　価値観　常識
異なる見方　考え方

世界は無限の色彩であふれている

みんな違うから気づくんじゃないの？

素敵な景色がいっぱい　素敵な人もいっぱい

見たいものが　見えてくる
見たいように　見えてくる

目に映るものは　心の景色

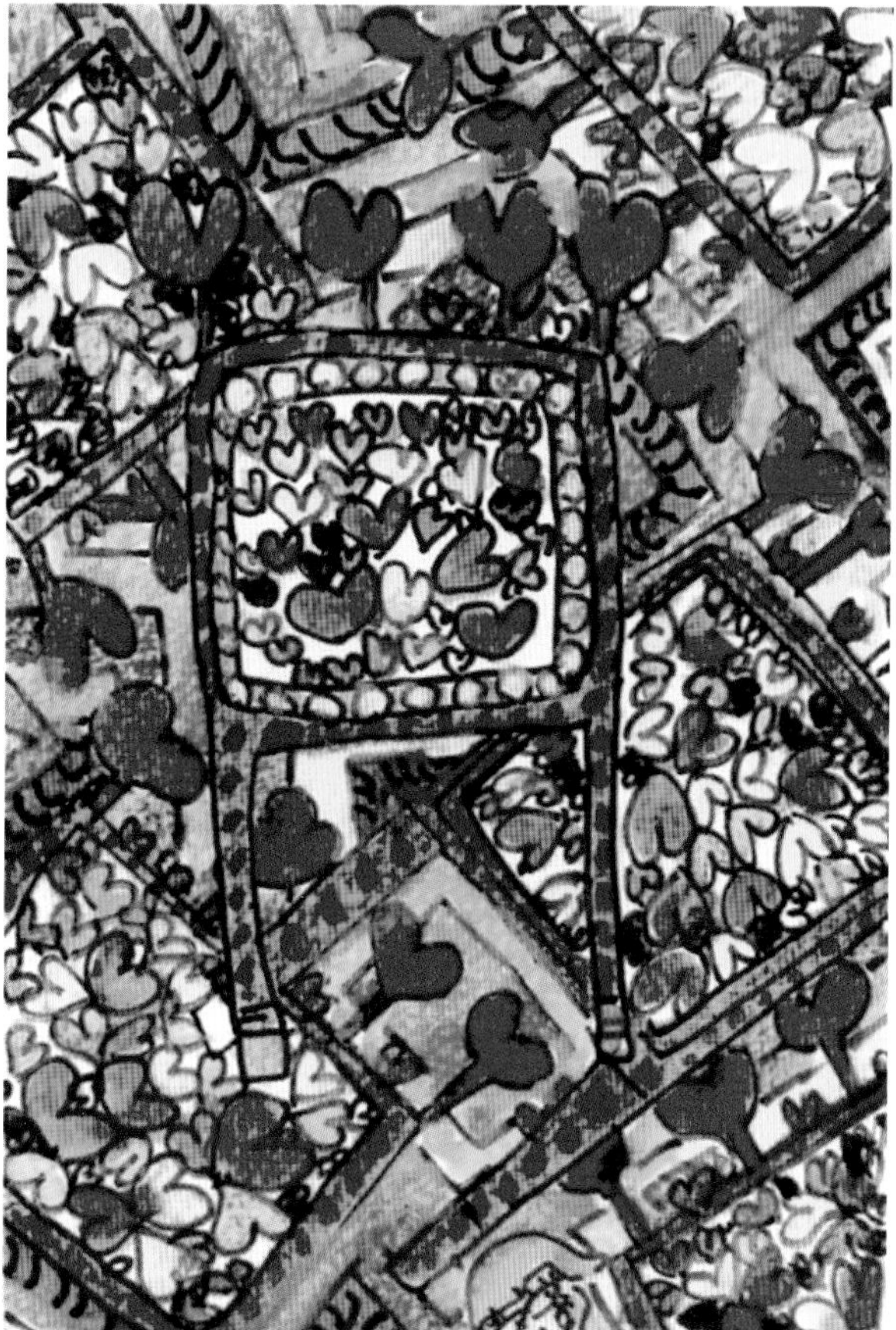

みんな嫌いな食べ物ってあるよね

嫌いも大切な感情

でもね　それが大好きって人もいるんだな
大丈夫　嫌いなものは食べなきゃいいんです

目的地の設定　経由地の設定　ＯＫ！
歩き　自転車　車　鉄道　それとも……

実際の交通事情に合わせて
お進みください

時間優先　距離優先……
すべて　ナビまかせでいいの？

迷ってもいい　遠回りしたっていい

道のりそのものを楽しむために

迷って見つけた景色もある
遠回りして見つけた景色もある

「器」

器が大きい　小さいと
人を器にたとえることがあるけれど

器は大小それぞれ
カタチもそれぞれ
問題は何をどれくらい入れるのか
どう使うのか

知識も　技術も　お金も　持ってるだけじゃねぇ

活かして　なんぼ

授かった命もね

「我慢」は
自分がしたくないこと　嫌なことをこらえること
「辛抱」は
自分の志や世のため人のために耐え忍ぶこと

我慢は良くない
辛抱は必要かな

NAOKO

失敗は　いい思い出になる
チャレンジしなかったことは
後悔になる

人生一度きり
少しぐらい　はみだしても
大丈夫

心で生まれ　頭で考え　行動で形に……

想像力と創造力

さあ　なりたい自分へ

なんだか楽しそう

元気　やる気　根気　勇気

もりもり力が湧いて来る

「日々」

「継続は力なり」

誰でも知ってる素敵なことばです
続けるか　やめてしまうか
日々　選択なのです
選択は自由　あなたしだい
困難は何をしていてもあるけれど……

本気はぶれない　本気は負けない

本気は止まらない

意志固く　頭は柔らかく

DREAM

一人で町中をキレイにするのは無理だけど
皆が家の周りをキレイにするだけで……

世界「清福《せいふく》」も夢じゃない

キレイは気持ちいいなぁ

あなたは　そのザックに
何を詰めてゆきますか
持ってゆきたいものは数あれど
持てば持つほど重くなる
軽いほうが良いけれど
省くと困るものもある
人生の山登り
あなたは　そのザックに
何を詰めてゆきますか

歩きつづけていれば見えてくる

この　つづきは　どれだけ書いても
書ききることはできません
それは　この本の作者があなた自身だからです

この本を　きっかけに　お友達や家族と
お話をする機会ができれば幸いです

どうすれば高まる　「幸せの確率」

大切な人
大切なもの
大切にしていること
なりたい自分

自由な心で描く
あなただけのページ……

ありがたや　ありがたや
幸せは　感じたもん勝ち

笑顔が　幸せを生み
幸せが　笑顔を生む

「人生　笑ってなんぼ」

N

With all my heart

本書とあなたの出合いを嬉しく思います
この本に終わりはありません
今のあなたが描いていくページを
未来のあなたに見せてあげてください
この本は　その時またあなたと
再会できることを楽しみにしています

心から幸せを願う人がいることは
とても　とても　幸せなことです

生まれてきてくれて　ありがとう
私はあなたたちのお陰で本当に幸せです

富　じ

制作 Tomizo works

2007年

世界初ガラスのオカリナ開発

CD制作 演奏：オカリナ／富蔵 ピアノ／はちまん正人

1999年 オカリナ・オリジナル曲 CD「轟」

〈テーマ〉森は大地を育み 大地は森を育む

ガラスのオカリナ

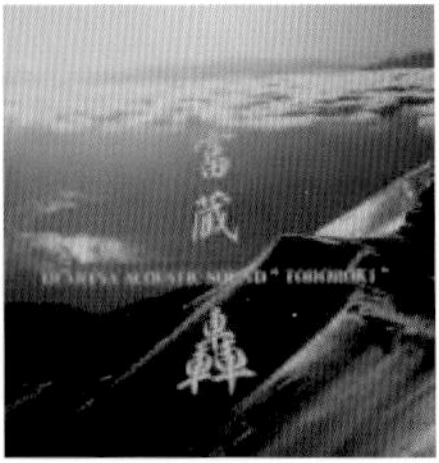

轟

2003年　スタンダード曲CD「MESSAGE」
〈テーマ〉澄んだ心にしか
見えないものがあります

著　書

1991年　写真エッセイ集　次代人へ　一粒の種『Seed』
2008年　漢字エッセイ　『感じる漢字』　文・富蔵／書・なつえ
四六判・140頁・並製本
定価1430円（本体1300円＋税10%）
漢字から受けるインスピレーションに、
著者の哲学的思考を加えたメッセージは
1行1行が胸をつく。書物の革命。

感じる漢字

Seed

MESSAGE

著者略歴

富じ（孫からの呼び名）＝ 富蔵《とみぞう》

1958年神戸市生まれ。高校卒業後、海外青年協力隊を目指し酪農研修生として北海道などの酪農家で学ぶ。1979年〜2007年 母親の開業したレストランを継承し、飲食店経営に携わる。

イラスト／ Naoko Mizutani（鈴鹿市在住イラストレーター）

幸せの確率
—愛するあなたへ

2021年6月10日　初版第1刷発行

定価1,650円（本体1,500円＋税10%）

著　者　富 蔵

発行者　寺 西　貴 史
発行所　中日出版株式会社
　　　　名古屋市千種区池下一丁目 4-17　6F
　　　　TEL:052-752-3033　FAX:052-752-3011
印刷製本　株式会社サンコー

ISBN978-4-908454-43-1 C0095